교회에서
없어졌으면 하는 것들?

교회에서
없어졌으면 하는 것들?

시골의사TV에 달린 수백 개의 댓글에 답하다

박정엽 황원장 지음

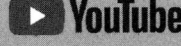

드림북

〈 유튜브 추천댓글 10분 〉

@선미구-o4c
목사님, 원장님 귀한 영상 찍어주셔서 감사합니다!
저도 몇 년간 교회를 떠났다가 올해 1월부터 다시 맘을 잡고 교회에 나가기 시작했어요.
제 맘속에 자리 잡고 있는 신앙의 양심을 움직이는데 시골의사님의 영상도 큰 영향을 주셨어요!
나도 저렇게 예수 잘 믿고 싶다는 도전을 받았거든요!

@janesuh9447
저희가족도 교회를 떠난 지 7년 정도 된 것 같아요. 교회를 다시 나가려 몇 번 시도를 했는데, 갈 때마다 또 아닌 것 같아 다시 마음을 접고 집에서 아이들과 예배를 드리고 있습니다. 장기간이 되다보니 우리처럼 이렇게 교회를 떠나 조용히 집에서 예배드리는 사람들도 많은 것 같고, 이렇게 예배드려야 하나하는 찰나에 유튜브를 보게 되었습니다. 공동체가 중요하다는 말씀 마음에 와 닿습니다. 휴, 그런데 교회가 어렵네요.

@yunhappy65
감사합니다.
두 분의 말씀이 모든 사람에게 큰 위로가 될 것이라고 확신합니다.
목사님의 귀한 말씀이 제게도 많은 힘이 됩니다.
여긴 미국입니다.
어디에서나 이민교회도 같은 고민으로 힘들어 하는데
좋은 말씀이 큰 위로와 사랑으로 느껴져 너무 감사합니다.

@선미구-o4c
목사님, 원장님 귀한 영상 찍어주셔서 감사합니다!
저도 몇 년간 교회를 떠났다가 올해 1월부터 다시 맘을 잡고 교회에 나가기 시작했어요. 제 맘속에 자리 잡고 있는 신앙의 양심을 움직이는데 시골의사님의 영상도 큰 영향을 주셨어요!
나도 저렇게 예수 잘 믿고 싶다는 도전을 받았거든요!

@Jungmin-r5j
어릴 적 훈련받고 말씀들은 기억이 납니다. 너무도 훌륭하신 말씀입니다 교회가 너무 그립습니다.
저도 섬기고 싶습니다. 기도할 수 있는 교회를 찾아보겠습니다.
하나님은 인격 상식적이시다 결혼하고 교회 안다녀서 이제 찾아야겠습니다. 십일조 부담 엄청나겠는데요 그치만 고백입니다.
제게 맞는 곳을 출석해야겠습니다.

@닝겐-v5v
귀한 영상 감사 합니다. 저도 오랜 고민과 기도의 시간을 거쳐 교회를 옮긴 후 온 가족 모두 잘 적응하고 이제 6년 되었는데 너무 감사하고 기쁘고 참 좋아요. 옮긴 교회에 신앙의 본이 되는 귀한 믿음의 선배님들이 계셔서 늘 도전과 감동을 받고 있습니다.

@주현정-t9b
전 목사님 말씀 듣고 회개했어요.. 나는 하나님께 드린다고 생각했던 헌금이 사람을 의식하며 드린 것이 많았다는 생각이 들면서 회개했어요.. 기도로 준비하고 드리도록 다시금 초심을 잃지 않고 첫사랑을 회복하며 드리고 기도하고 감사하겠습니다~ 고난이 유익이란 말씀 맞는거 같습니다. 깨닫게 하심도 감사합니다.

@김종원-b5n
좋은 영상 올려 주셔서 감사합니다.
마지막 인사 부분에서 마음이 뭉클했고, 몸 된 교회와 주의 양 떼를 사랑하시는 주님의 사랑이 전해지는 것 같아서 눈물이 났습니다.
 그렇지요. 우리는 주 안에서 한 몸입니다. 누가 아프하면 우리도 함께 아프하고, 누가 즐거워하면 우리도 함께 즐거워하지 않겠습니까? 하늘가는 밝은 길이 우리 앞에 있습니다. 이 길을 가는 동안 숱한 어려움과 시련이 있겠지만 서로 사랑하고 오직 예수님을 바라보면서 함께 이 길을 걸어갑시다.

@이효정-v7q
박정엽 목사님, 온 몸에서 예수님 향기가 납니다. 답변 말씀도 너무 좋아서 잘 기억해 뒀다가 같은 의문을 품고 있는 사람을 만나면 지혜롭게 잘 말해줘야겠어요.
직접 잘못이 없으면서도 우리가 대신 사과하자면서 용서를 구하시는 목사님과 의사샘, 눈물이 핑 도네요. 좋은 분 곁에는 항상 좋은 분들이 계시고 악한 자들도 끼리끼리 모인다는 말이 맞는 말인가 봐요. 의사샘도 목사님도 참 하나님의 사람이시네요.

@구라왕비구라왕비
어디에도 완벽한 공동체?
100프로 문제없는 집단은 없다고 생각합니다.
단지 우리는 상식적이라는 진리를 향해 다함께
노력하며 1프로라도 나은 방향으로 간다면
하나님께서 흐뭇해 하실거라고..
저는 그렇게 믿고 있습니다.

서문

나는 농어촌, 도시 작은 교회를 지원하는 사역[1] (에클레시아 지원연구소)을 하는 목사다. 구독자 5만 명인 시골의사TV 유튜브로 유명한 황원장님과 막역한 사이이다. 인생의 여러 매듭마다(학창시절, 인턴, 전공의, 결혼식, 종합병원 교수, 부원장, 개원) 늘 오가며 적지 않은 시간 함께 했었고 에클레시아 지원연구소를 시작하기 전부터 농어촌, 도시 작은 교회를 돕는데 황원장님 가정이 물심양면으로 헌신해 주셨다.

시골의사TV에 크게는 3번 출현(2번의 영상, 1번의 게시판) **했다.**

1. 시골교회 목회자자녀돕기로 모금된 2500만원을 도움

---

1) • 설교지원 & 설교컨설팅(세미나)
   • 목회상담, 사역코칭(컨설팅)
   • 지역사회(단체, 기관, 교회) 네트워킹
   • 목회자 자녀를 위한 캠핑 & 수련회
   • 도서출판(주제: 캠프, 설교학, 컨설팅, 작은 교회 이야기)

이 필요한 12교회 목회자 가정에 나누어 드리고 그 재정지출내역을 보고하면서 작은 교회들이 처하고 있는 어려운 상황들을 겸하여 설명하였다.

2. 구독자들이 교회에서 없어졌으면 하는 수백 개의 댓글을 카테고리화하여 시골의사 황원장님과 함께 답하는 영상을 찍었다.

3. 황원장님이 내신 성경퀴즈 문제에 좋은 답을 보내주신 분들을 선정하여 선물하고 답을 해설하는 글을 남겼다.

2번째 영상, 교회에서 없어졌으면 좋겠다는 댓글에 답하는 총 27분의 길이의 내용으로 황원장님과 박목사의 대담을 유튜브에 공개하였다. 그런데 실제 영상은 훨씬 길다. 2시간이 넘는 영상을 찍었는데 모든 내용을 담을 수도 없고 그렇게 긴 영상을 요즘 구독자들이 보지 않기 때문에 자를 것을 다 자르고 축약된 영상으로 나갔다.

질문을 던진 분들이 기독교에 상처를 받은 초신자이거나 신앙생활에 회의를 느낀 기존성도, 나아가 실족하여 교회를 떠도는 가나안성도들까지 다양했다. 그러한 분들을 배려하는 마음으로 영상을 찍다보니 제한적이고 조심스러운 답변이 되었고 어떤 부분에서 충분한 설명이 되지 못한 부분이 있었다.

5만 구독자, 모두를 만족시키는 답은 없다. 그래서 영상을 찍고 제법 시간이 지났지만 그 때 못 올린 원래 영상의 이야기들을 추가적으로 보충하여 다소간의 설명부족과 오해를 적극적으로 해소할 수 있으리라 생각했다.

영상에서 다루었던 주제들은 한국교회 안에서 나름의 무게와 깊이를 가지고 오랜 시간 고민해왔던 내용들이다. 이 책을 통해 교회공동체에 대한 오해와 불신이 해소되고 분리와 나누어짐이 아니라 함께 격려하고 사랑으로 하나되는 계기가 되기를 소망한다.

2025년 8월
저자 박정엽

목차

추천사 〈 유튜브 추천댓글 10분 〉

서문 / 7

들어가는 이야기 ················ 11
직분 ······························· 19
헌금 ······························· 35
정치 ······························· 53
건축 ······························· 67
관계 ······························· 75
질문 ······························· 87
사과 ······························· 97

교회에서 없어졌으면 하는 것들, 실제 댓글 20분 /
참고도서 / 110

들어가는 이야기

황원장

목사님의 자녀분들 중에서도 교회를 떠나는 친구들이 되게 많잖아요. 오늘 우리가 찍는 주제도 약간 그런 거잖아요. 교회 왔는데 교회에서 상처받고 떠나신 분들, 궁금했던 것들, 못 물어봤던 것들, 여쭤보는 시간을 가지려고 하거든요. 물어볼 목사님이 없잖아! 일단 목사님이라고 하면은 물어보면 믿음이 부족한 자여 이럴 거 같아 가지고 박목사님이지만 형님 같잖아, 형님! 형님이라고 부르면 안 됩니까?

박목사

우리 원장님하고는 허물없이 티격태격을 많이 합니다.

황원장

목사님이라고 하면 이런 거를 잘 못 물어봐요. 먼저 우리가 말씀 드리고 싶은 게 우리가 얘기하는 거는 개인적인 소견이고 교단이나 어떤 기독교를 대표하는 의견은 아니라는 거를 제가 미리 말씀드리고요. 우리들의 생각과 다르실 수도 있을 것 같아요. 저희도 존중하고요. 제가 교회에서 이런 것들을 좀 없었으면 좋겠다라는 생각으로 질문을 올렸는데 예상하지 못하는 답변들을 너무 많이 받은 거에요.

박목사

엄청나게 댓글이 달렸죠.

황원장

아니 무슨 교회에 이렇게 상처받은 사람들이 많아? 이걸 저도 느낀 거죠. 이거는 한번 짚고 넘어가야 되겠다 싶어 가지고 목사님을 모시게 되었고요. 목사님이 에클레시아지원연구소시잖아요? 에클레시아가 무슨 뜻이에요?

박목사

교회라는 뜻이죠.

황원장

그렇죠. 교회라는 뜻이잖아요. 교회는 뭐죠?

박목사

세상에서 부름 받은 자들인 모인 공동체.

황원장

그렇죠. 그게 교회잖아요. 교회당을 얘기하는 게 아니잖아요!
건물이 아닌 사람의 모임.

박목사

교회는 주님의 몸이죠.

황원장

몸이잖아요. 몸이면 지체가 아프면 같이 아파야 하고 기쁨은 같이 기뻐야 되고 같이 하나님께 영광을 돌리고 그런 공동체를 말하는 거네. 그러니까 교회는 이런 곳인데 왜 이렇게 상처받는 자들이 많은 것인가?

박목사

교회는 우리가 성경적으로 보면 주님께서 피로 값주고 샀다. 이렇게 이야기해요. 세상의 공동체와 조금 다르죠. 하나님이 예수님을 통해서 그 십자가에 보혈을 흘려서 피로 값주고 사셨다. 예수님의 피는 누구의 피예요? 그것은 창조의 피죠.

원장님, 박정엽 목사의 몸에 피가 흐르죠? 안 흐르면 당장 병원 가야지요?(웃음) 그런데 어느 연구소에서 박정엽 목사의 피를 연구하다가 이 피에 능력이 있다는 것을 발견했다고 칩시다. 항함, 항균, 항바이러스, 항류마티스의 능력이 있어서 저의 피 한방울을 배양하면 수백만 명의 사람을 살릴 수 있다면 어떻게 되죠? 제 몸의 피를 돈으로 환산하면 얼마나 될까요? 수천억? 수십조?

바로 경호원들이 붙겠죠? 바로 살아 있는 국보가 되는 거죠. 그리고 거부의 반열에 올라가는 거죠! 일론 머스크, 이재용, 빌게이츠, 베르나르 아르노가 제 친구가 되는 거죠. 근데 베르나르 아르노가 명품 팔아서 재산이 수십조잖아요? 그 루이비통이라고~ 그런데 내가 이해가 안 되는 것은 부산 전포동시장에 가면 구루마에 루이비통 파는데 만원 밖에 안 해? 그 만 원짜리 팔아가지고 어떻게 수십조를 버노? 근데 알고 보니 구루마에 파는 거는 루이비통(가짜)이고 백화점에 파는 게 루이비통(진품)이라고 하더라고요. (웃음)

예수님의 피는 탁월한 한 인간의 피가 아니잖아요. 바로 창조주의 피고 그 창조주에게서 온 세상이 나왔잖아요. 그 창조주의 피한방울과 이 세계를 바꿀 수 없어요! **가장 귀한 것을 교회를 위해 흘려주시고 그 피값으로 교회를 사셨기 때문에 교회는 너무 귀한 것이죠. 교회는 이제 한 몸이 되어서 머리되신 그리스도와 연합하는 거죠.**

하나님은 어떤 분이신 것 같아요?

황원장
하나님은 우주를 만드신 분이십니다.

박목사
창조의 하나님이십니다. 조금 쉽게 설명하면 하나님은 인격적인 분이세요. 하나님은 상식적이세요. 하나님은 기괴하신 분이 아니에요. 바다 위를 걸으신 적도 있지만 대부분 걸어 다니셨잖아요. 날아다니지 않으시고 강을 배타고 건너시고 피곤할 때는 주무시고 배고플 때는 먹으셨어요.

이 우주를 만드신 하나님이신 예수님조차 이 세계의 물리법칙, 상식의 지배를 받으셨어요.

만약에 늘 기적이 상식이 되면 어떻게 되죠? 원장님 병원 망하는 거예요. 기도원 가서 기도하면 다 낫는데 병원 왜 가요? 1등 로또당첨, 300만 명씩 나오는 거죠.

그리고 제가 아는 하나님은 질서 있는 하나님이세요. 이 인격과 상식과 질서의 하나님, 그것을 이 교회 공동체를 통해서 녹여내신 거예요. 그러니깐 어떻게 보면 상식적이지 않은 교회는 문제가 있는거죠.

황원장

오늘 우리는 상식에 대한 얘기를 하는 거네요.

박목사

그렇죠. 이제 성경에 기반해서 상식적으로 오해없이!

다음의 성경구절이 의미하는 바는 무엇입니까?

〈히브리서 3장 4절〉 집마다 지은 이가 있으니 만물을 지으신 이는 하나님이시라 〈마가복음 4장 38절〉 예수께서는 고물에서 **베개를 베시고 주무시더니**
〈히브리서 4장 15절〉 우리에게 있는 대제사장은 우리의 연약함을 동정하지 못하실 이가 아니요 모든 일에 <u>우리와 똑같이 시험을 받으신 이로되</u> 죄는 없으시니라

하나님은 말씀으로 우주를 창조하신 스스로 있는 분이십니다. 그 하나님이신 예수님이 인간의 몸을 입으시고 이 땅에 오셔서 걸어 다니시고 먹으시고 주무시고 똑같이 인간들과 함께 살며 교제하셨습니다. 하나님은 우리의 죄와 연약을 너무나 잘 아시고 우리를 언제나 도우시길 원하십니다.

함께 나눌 질문들

1. 하나님은 어떤 분이십니까?

2. 예수님이 자신을 위해서 기적을 행하지 않는 이유는?

3. 하나님께서 당신을 사랑하신다는 구체적인 증거가 있다면?

직분

댓글 중에서

직분이 섬김이 아니라
계급장 같은 느낌을 받기도
수평적인 관계가 아니라
수직적으로 묘한
표현하기 어려운 것이 있음에
씁쓸했던 적이 …

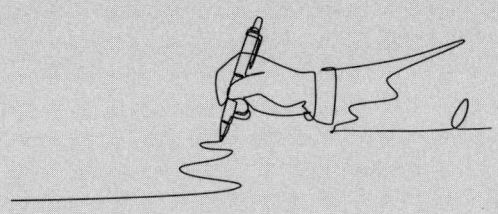

황원장

가장 많은 문제가 있다고 얘기하시는 것들이 직분에 대한 거였거든요. 근데 저는 생각지도 못했어요. 직분이란 게 뭔가요?

박목사

역할에 따라서 부여된 명칭, 그걸 우리가 직분이라고 볼 수 있죠.

황원장

직분은 왜 꼭 있어야 하는 거죠?

박목사

하나님께서 우리를 한 몸으로 부르셨잖아요. 고린도전서 12장 12절에 그렇게 이야기해요. 몸이 하나인데 많은 지체가 있고 많은 지체가 있으나 우리가 하나다! 한 몸이다!

One body다. 이렇게 얘기해요.

바울이 말했던 2000년 전으로 가면 여러분 교회 공동체 안에 유대인이 있었고 헬라인이 있었어요. 종과 주인이 있었고 지성인과 야만인, 여자와 남자가 있었어요. 이 사람들은 같이 있으면 안 돼요! 그 시대 문화적 배경으로 볼 때는 같이 있으면 절대 안 되는 거예요.

요즘은 안 그래요? 제가 아는 집사님이 할레이 데이비슨 오토바이를 타고 동호회 활동을 하세요. 정말 비싼 오토바이죠. 액세서리 다 달면 1억이 넘기도 하고 어떤 기종은 핸들이 하늘로 치솟아 있죠. 이 동우회가 라이딩으로 모였는데 만약에 황원장님 50cc스쿠터 가지고 가서 같이 하자고 하면 그 동우회가 받아 주겠어요?(웃음)

유대인과 헬라인은 서로에게 원수죠. 지금 가자지구, 이스라엘과 팔레스타인의 전쟁이 그러한 거죠. 니가 죽던지 내가 죽던지 해야 되는거죠. 그러니 그런 도무지 같이 있어서는 안 되는 부류들이 교회 안에서 한 공동체로 모여 있는 거지요.

그런데 주님께서 피로 값주고 사신 교회공동체는 그것을 넘어서서 하나가 된 거예요. 하나의 옷을 입혀놓고 그 사람들만 모으는 게 아니고 정말 다양한 사람들이 모이는 거죠. 그래서 교회는 써클이 아니예요. **교회는 Uniform이 아니고 Unity예요. 취미, 나이, 재산, 성별, 성격, 직업을 초월하여 함께 모여 그 다양함이 이루는 하나, 그게 하나님의 영광인 것이지요!**

저는 주님이 세우신 좋은 교회는 저는 두 가지가 있어야 된다고 생각해요. 하나는 다양함이 있어야 돼요. 어느 특정그룹, 특정사람만 모여 있으면 그게 좋은 교회는 아니예요. 그리고 또 하나는 문턱이 낮아서 가난한 사람 무식한 사람도 아픈 사람도 다 올 수 있어야 하지요.

사람들이 가지고 있는 그 차이가 차별로 연결되는 것이 아니라 책임을 질 수 있는, 사랑하고 배려할 수 있는 그게 좋은 교회죠. 그리고 주님은 이 교회를 이루어 가시기 위해 우리에게 직분을 주시는 거죠. 은사라고도 해요.

교회문턱을 넘어 교회에 오는 누구든 하나님께서는 교회를 섬길 은사를 주시는 거죠. 제가 젊은 시절에 대형교회 청년부에 출석한 적이 있었어요. 근데 청년부가 수백 명이 나오니 얼마나 잘난 사람이 많았겠어요.

근데 백수에 키도 작고 얼굴도 못생긴 청년 형제가 출석하는데 교회 청년부 목사님, 전도사님, 간사님이 특별하게 그 분을 대해 주시는거예요. 그래서 뭐지 생각했는데 그 이유를 나중에 알게 되었어요. 한번은 그 청년부에서 총동원 전도주일을 한 거예요. 그날따라 700명에 가까운 청년들이 참석한 거예요. 행사를 잘 치루고 보니 한 가지를 빠뜨린 거예요. 바로 출석인원을 헤아려야 하는데 바쁘다보니 사역자들이 놓친 거예요. 행사 마치고 담임목사님께 보고를 해야 하는데 사역자들이 모여서 어떻게 하나? 머리를 싸매고 있는데 그 때 백수에 키 작고 못생긴 청년이 목사님, 전도사님 왜 그러시는데요? 물으니 우리가 깜빡해서 카운터를 못했다고 그런데 그순간, 그 청년이 목사님, 전도사님, 제가 다 헤아렸어요. 이야기를 하는 거예요. 알고 보니 이 청년은 늘 교회 오면 빠지지 않고 하는 것이 남자 몇 명, 여자 몇 명 숫자를 헤아리는 거였어요. 그날도 사람들이 많이 왔지만 정확하게 숫자를 헤아린 거죠. 목사님 오늘 남자 340명, 여자 432명 총 772명 왔습니다. 그 일 이후로 사역자들이 이 청년을 정말로 소중하게 여겼다고 합니다. 인원

카운터는 사역자가 하는 일이죠, 그 청년은 사역자의 반열에 올라간 거예요! 하나님께서 누구든 교회로 보내실 때는 교회를 섬길 은사를 꼭 주신다는 것이지요.

그리고 좋은 교회는 힘든 이야기 할 수 있는 곳 이예요. 우리 아들 삼수해요. 우리 남편 바람났어요. 우리 집 보증서서 다 날아갔어요. 그런 가슴 아픈 이야기해도 같이 울어줄 수 있고 품어줄 수 있는 교회가 좋은 교회지요. 우리는 다 가면 쓰고 교회 가잖아요. 그리고 그럴싸한 이야기, 성경 읽은 것, 기도한 이야기, 거룩한 이야기만 하고 오잖아요. 그런 교회는 마음을 나누지 못하니 피상적인 교회 일 수밖에 없는 것이지요.

직분과 은사를 가지고 몸으로 헌신하기도 하고 나의 경제적 능력을 가지고 헌금하기도 하죠. **그런데 문제는 뭐냐면 교회를 구성하는 우리가 아직 죄인이죠. 구원받은 죄인이고 그 죄인의 입장에서 직분과 헌신을 오해하고 오용하기 때문에 이런 문제가 생기는 거예요.** 하나님께서 교회를 섬기도록 은사와 직분을 주셨어요. 엄밀히 말하면 장로가 되고 목사가 되었다는 것은 낮은 자리에서 모든 사람을 섬기라고 주신 직분임에도 불구하고 우리가 그렇게 오해하고 있다면 여러분은 교회를 잘못 알고 있는 것이죠.

황원장

그렇다면 직분이란 것은 섬기는 자리인 것이지 섬김을 받는 자리가 아닌데 사람들이 잘못된 오해를 하고 오용하고 있는데 모든 교회가 그렇지는 않겠죠. 굉장히 밑에 자리에서 섬기시는 목사님과 장로님들과 집사님들이 엄청 많잖아요. 그런데 거기 질문에 나왔던 직분을 돈으로 사가지고 뭔가를 하겠다 하는 게 저는 이해가 안되더라고요. 근데 그런 얘기 들어보신 적 있으세요?

박목사

들었어요. 실제로 그런 이야기들이 있기는 있어요. 직분을 계급이라고 생각하는 거죠. 내가 어느 교회 장로다. 사실은 있어 보이는 것 같다고 생각하는데 그것은 계급도 아니고 위세도 아니고 성도를 섬기라고 주신 직분이기 때문에 돈으로 산다는 것 자체가 직분의 근본적인 내용을 오해하고 있는가를 보여주는 것이죠. 너무 가슴 아픈 거예요. 직분 때문에 몇 천만 원을 내고 이런 부분들은 저는 전혀 성경적이지 않다고 생각해요.

황원장

대부분은 그렇게 생각할 것 같아요. 근데 그렇게 하는 교회가 있다는 게 나는 너무 믿기지 않는 거죠. 근데 이 직분이란 것이 엄청 부담스러울 수 있잖아요? 난 도저히 그런 걸 감당할 수 있는 사람이 아니야 이렇게 생각이 들 수 있잖아요? 그러면 그거를 거부할 수 있습니까?

박목사

거부할 수 있죠. 하나님은 어떤 하나님이에요?

황원장

하나님은 인격적이시고 상식적이시고 질서가 있는 하나님이죠.

박목사

나는 능력이 안 되는데 시키는 거예요. 당연히 이제 부담스럽죠. 준비도 안 됐어요. 그러면 사실은 못하겠습니다 말하고 교회에서도 당연히 이분이 너무 부담스러워하시고 힘들어하시니까 그러면 좀 더 시간을 드리겠습니다. 그렇게 하면 되죠.

제가 한 때 한국누가회 사역을 하면서 늘 우리친구들에

게 이야기했어요. 너희들이 장차 의사가 되고 치과의사가 되고 한의사가 되고 재정적으로 탄탄해지면 그러면 교회는 여러분을 가만히 두지 않을 것이다.

황원장

헤 헤 (웃음)

박목사

어떻게든 여러분에게 직분을 세워서 교회에 헌신하게 하려고 할 것이다. 그런데 스스로 정직하게 돌아봐야 한다. 내가 이걸 감당할 능력도 없고 겸손도 없고 실력이 없으면 교회가 아무리 요구해도 하면 안된다.

황원장

지금이라도 이야기해야겠다. 도저히 못하겠다고, 도저히 못하겠습니다.

박목사

이렇게 안 한다는 사람이 자격이 있는 겁니다. 내가 할께요 이런 사람을 시키면 안 돼요. 이 직분을 감당할 능력이 없으면 너도 망하고 교회도 망한다. 이 직분을 받을 때 외

부적으로 당신은 할 만합니다.

그것도 외적인 소명도 중요하고 또 내적으로도 하나님의 부르심이 확실해서 이 두 가지가 합쳐져서 직분을 감당하고 가야지 계급처럼 느껴지고 이 정도 했으면 내가 이 정도 올라가야지 생각한다면 여러분들은 직분에 대해서 잘못된 접근을 하고 있는 것이죠.

황원장

댓글에 성가대가 없어졌으면 좋겠다라는 질문이 있는데 어떻게 생각하십니까?

박목사

무조건 없애는 것은 아니라고 생각해요. 왜냐하면 찬양에 은사가 있어서 그쪽으로 헌신하고 싶은 분들이 계시잖아요? 그 질문의 속뜻은 그런 것 같아요. 모두다 성가대로 가니깐 주일학교 교사, 청소, 설거지, 안내 할 사람이 없다 그런 뜻인 것 같아요. 그런데 작은 교회를 보면 성가대 하는 분이 주일학교하고 청소 다 합니다. 일인 3역, 4역 하시는 거지요.

제가 전포교회 사역할 때 명절이 끼어있는 주일 있잖아

요. 주중에 명절 보내고 오면 기다리고 있는 주일, 명절에 성도들이 얼마나 피곤했겠습니까? 막히는 길 운전해야 하고 여성성도들은 음식에 간식에 설거지에 그렇게 수고하고 오면 새벽기도, 주일학교, 성가대, 식당봉사하고나면 거의 1인 4~5인 역하고 주일 오후예배에 앉아 있는 성도들의 눈을 보면 흰자위 밖에 안 보이는 거예요. 거의 공포영화죠. 그래서 그 때 제가 오늘 성도님들 주중에 주일에 얼마나 수고하셨고 피곤하신 거 잘 압니다. 오늘 설교는 5분 설교하겠습니다. 그러면 성도들의 얼굴이이 환해지는 거예요. 그렇게 성도들을 배려해서 짧게 설교를 마치고 내려오면 한 번도 그런 이야기 하지 않는 분이 오늘 정말 큰 은혜 받았다고 손잡아주시는거에요.

예배 이야기가 나왔으니 우리가 코로나를 지나면서 온라인 예배를 많이 드렸잖아요. 그런데 여러분도 느끼시지만 영상을 보고 드리는 예배가 사실 집중하기가 쉽지 않습니다. 처음에는 양복입고 잘 차려입고 드리다가 보는 사람 없으니 추리닝 입고 머리에 새집 짓고 비스듬히 드러누워서 커피 홉입하면서 예배자에서 시청자로 전락하는 경우가 정말 많았습니다.

코로나 때는 아 빨리 교회 가서 현장 예배드리고 싶다

고 이야기하다가 다시 코로나 끝나고 교회에서 예배드리니 이래저래 힘이 드니 코로나 때가 더 좋았더라 사람들이 이야기한다는 것이죠. 인간이 얼마나 간사한 죄인인지요.

김해의 푸른숲교회 김영선 목사님이 코로나 이후에 영상으로만 예배를 드리려고 하는 성도를 위트 있게 도전하신 이야기가 있는데요. " 성도 여러분. 저는 여러분의 이중성을 압니다. 임영웅의 콘서트에는 그 비싼 입장권을 싸서 현장에서 보기를 그렇게 원하지만 예배는 집에서 편안하게 누워서 영상으로 드리려고 하는 여러분의 속마음을요. 하나님은 현장에서 여러분의 예배를 받으시기 원합니다. 하나님은 임영웅보다 인기가 없거나 결코 못하신 분이 아니십니다."

정말 우리의 예배를 돌아보게 하는 말씀 같습니다.

다음의 성경구절이 의미하는 바는 무엇입니까?

〈디모데전서 3장 8~10절〉 이와 같이 집사들도 정중하고 일구이언을 하지 아니하고 술에 인박히지 아니하고 더러운 이를 탐하지 아니하고 깨끗한 양심에 믿음의 비밀을 가진 자라야 할지니 이에 이 사람들을 먼저 시험하여 보고 그 후에 책망할 것이 없으면 <u>집사의 직분을 맡게 할 것이요</u>

〈고린도전서 12장 5~7절〉 직임은 여러 가지나 주는 같으며 또 사역은 여러 가지나 모든 것을 모든 사람 가운데서 이루시는 하나님은 같으니 각 사람에게 성령을 나타내심은 <u>유익하게 하려 하심이라</u>

성경은 직분이 필요 없다고 이야기하지 않습니다. 그 직분을 교회의 유익을 위해서 주시는 분은 하나님이십니다. 다만 교회가 직분자를 "시험(Test)"하지 않으니 교회가 "시험(Temptation)"에 드는 것입니다.

함께 나눌 질문들

1. 직분자를 철저하게 검증하고 세우는 제도가 있습니까?
   만약 세워진 직분자가 교회의 시험거리가 될 때 어떻게 해야 합니까?

2. 교회의 사모는 사역자입니까? 직분자입니까?

헌금

댓글 중에서

저도 헌금 관련해서 마음 편히
교회 가기가 힘들어요.
제친구는 헌금 엄청하니
대우받고 직분(?) 요렇게 우대 해주고 ..
헌금 작은 저는 오면 오나 가면가나..... ㅠㅠ

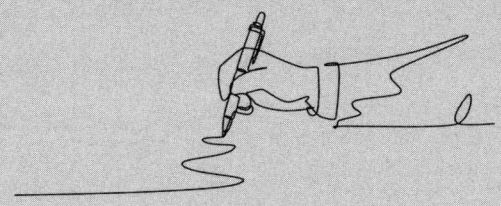

황원장

댓글을 읽다보면 결국 모든 결론이 헌금 쪽으로 와요. 직분으로 시작했다가 헌금으로 그 헌금 때문에 힘들어하는 분들이 진짜 굉장히 많다라는 걸 느끼는데 헌금이 도대체 뭡니까?

박목사

하나님은 인격적이시고 상식적이시고 질서가 있는 하나님이시잖아요. 하나님이 가난하실까요? 여러분이 헌금 안 해도 하나님은 우주를 갖고 계신데 조금도 부족함이 없습니다. 여러분이 수십억을 헌금 하던 안하던 상관없이 하나님은 이미 그 자체로 부요하시고 완전하신 분이십니다.

헌금은 사실은 교회의 필요를 위해서 드려지는 거죠. 과도한 헌금 때문에 상처를 많이 받고 계시잖아요. 나는 능력이 안 되는데 직분 받는데 일정 이상의 금액을 내라 이러니까 너무 힘든데 부담스러운 거죠.

제가 아는 경남의 ○○교회 목사님은 임직식 때 (장로, 권사, 안수집사) 이 분들이 평생을 교회를 위하여 헌신하고 헌금하셨는데 또 직분을 받는다고 또 헌금을 요구하는 것은 상식적이지 않다. 도리어 교회가 그분들에게 식사도 대접하고 작은 선물도 대접하는 게 맞다. 그러면서 어떤 부담도 드리지 않았는데 저는 정말 이 목사님이 직분에 대한 토론이 벌어지면 늘 기억이 났어요.

박목사

하나님은 가난한 사람들을 늘 배려하셨어요. 구약에 가면 레위기 제사가 있잖아요. 제물을 다 들고 오잖아요. 가난한 사람들은 뭘 들고 와야 돼요? 원래 소 갖고 와야 하는데 양이나 양도 없는 사람은 염소 비둘기, 이미 구약의 제사제도 안에서도 가난한 사람을 배려하셨어요. 하니님은 억지로 받아내시는 분이 아니신거예요.

십일조 해야 합니까? 창세기에 가면 아브라함이 뭘해요? 멜기세덱에게 십일조를 드려요 무엇을 하고 십일조를 드리지요?

아브라함의 조카 롯이 포로로 붙잡혔을 때 아브라함이

집에서 길리고 훈련한 318명을 데리고 4개 군대 연합군을 쳐들어가 격파하고 롯을 구출해냅니다. 그런데 아브라함이 집에서 데리고 있었던 사람들은 정규군이 아니죠. 일종의 비정규군 방위이죠. 저희들 세대(응답하라 1988)에서는 방위 중에 6방위라고 있습니다. 6개월 도시락 싸가지고 출퇴근하면서 동사무소 근무하면서 군역을 필하는 것인데 행정부소속이라 훈련이라고 할 만한 것이 없습니다. 그래도 전쟁이 터지면 방위들이 해야 할 일이 두 가지 있습니다.

하나는 도시락을 들고 높은 산위에 올라가서 흔드는 겁니다. 왜? 전파방해! 그리고 어떻게든 적에게 포로로 잡혀야 한다. 왜? 적의 식량을 축내기 위해서. 진짜는 아니고 약간 방위를 가볍게 여기는 우스갯소리입니다. 아브라함이 그런 318명의 방위들을 데리고 4개 군대 연합군 특수부대 정규군 예를 들면 SAS, 레인저, 네이비씰, 그린베레, 델타포스, UDT, 707특공대, HID를 상대했다는 이야기입니다.

그 말도 안 되는 승리를 거두고 아브라함이 살렘 왕 멜기세덱에게 십일조를 합니다. 성경의 첫 십일조입니다.
아브라함이 십일조를 하는 근본적인 이유는 내가 이기기에는 도무지 불가능한 싸움인데 이건 하나님의 은혜로 이긴 겁니다. 내 능력이 결코 아닙니다. 이 재물도 하나님이 주신 겁니다.

모든 것이 하나님의 것입니다. 그것을 상징적으로 10분의 1을 드리는 거지. 10분 9는 내꺼, 10분 1은 하나님꺼 그런 의미가 아니지요. **십일조의 정신이 뭐예요? 직장생활해서 사업해서 번 돈이 하나님께서 건강주시고 호흡을 주시고 은혜를 주셔서 번거 아니냐 이 모든 것이 하나님의 것입니다. 그 상징적인 의미를 10분의 1로 드리는 것이죠.**

황원장

신앙의 고백인거죠. 사실은 믿음에 대한 고백으로 십일조를 드리는데 엄청나게 헌금이 또 많지 않습니까? 주정헌금, 월정헌금, 선교헌금, 건축헌금, 그러니까 성도들의 입장에서 왜 이렇게 헌금을 쪼개 놨냐? 그거에 대해서 어떻게 생각하세요?

박목사

그 십일조를 받아서 그 안에서 다 하면 되잖아요. 교회 필요에 의해서 의도성이 있는 거죠. 무조건 저는 나쁘지 않다고 생각하고 충분히 십일조로 운영이 될 수 있는 교회도 있지만 급하게 선교사님을 도와야 될 때도 있고 급하게 공간의 필요성 때문에 건축을 해야 되고 이럴 때는 필요들을 위해서. 목적을 위해서 그런 교회들이 있을 수 있기 때문에 그것을 일괄적으로 이야기할 수 있는 건 아닌 것 같아요.

과도한 헌금을 이야기 하면서 조금 협박성으로 하시는 분이 있거든요 십일조는 하나님의 것인데 왜 하나님의 것을 도적질 하느냐? 10분의 1은 하나님 건데 왜 네가 도적질 하느냐?
아나니아와 삽비라 부부 집사님이 땅을 팔아서 하나님께 다 드린 것 같았는데 숨겨 놨잖아요. 그리고 어떻게 되요?

황원장
죽었죠.

박목사
하나님 앞에 정직하게 헌금하지 않으면 죽는다. 여러분 헌금 잘못하면 죽어요?

황원장
그러면 저는 죽었는데요.

박목사

저도 죽었어요. 원장님도 죽고 나도 죽었어요.(웃음) 그러니까 이 본문에서 보면 헌금 빼돌리면 죽는다 그런 의미가 아니고 하나님은 이 초대교회에 하나님의 교회가 얼마나 순전하고 온전한 것인가 그것을 방해하고 오염시키는 자들에게 의미를 부여하신 거죠. 하나님의 교회는 어두움이나 욕심이나 이런 게 들어가면 안 된다 그것을 상징적으로 보여주신 사건이지 이걸 가지고 빼돌리면 죽는다. 헌금 제대로 안하면 죽는다 빼돌리지 마라. 그것은 약간 성경을 오용하는 것일 수 있습니다.

저는 헌금할 때 액수가 중요하지 않다고 생각해요. 예수님이 과부의 두 렙돈을 귀하게 여기셨잖아요.

황원장

맞죠. 그렇죠!

박목사

예수님이 액수를 보신게 아니잖아요. 그보다 더 많이 드린 자들이 분명히 있거든요. 예수님은 과부의 마음을 보신 거지요. 성경에서도 분명히 말씀합니다. **〈고후9:7〉 각각**

그 마음에 정한 대로 할 것이요 인색함으로나 억지로 하지 말지니 하나님은 즐겨 내는 자를 사랑하시느니라.

 하나님이 받으시는 헌금은 큰 금액이 아니라 마음에 감사를 꼭 담아 즐겨내는 것이라고 분명히 말씀하고 있습니다. 우리가 헌금할 때 얼마나 눈치를 보는지요? 감사해서 감사헌금해야 하는데 박집사가 하네? 얼마나 하노? 아 그러면 나도 질 수 없지. 그런 마음에서 하는 헌금은 눈치헌금입니다. 그런 헌금은 아무리 많이 드려도 하나님이 안 받으신다고요! 차라리 저에게 주십시오! 잘 사용하겠습니다.(웃음)

 지난 시간 저의 사역 가운데 가장 기억이 나는 〈감사헌금〉이 하나 있어서 소개하고자 합니다. 15년 전 ○○교회에서 초등부 사역을 할 때였습니다. 추수감사주일이어서 몇 주 전에 초등부 친구들에게 곧 추수감사주일이니 감사헌금을 할 때 헌금만 하지 말고 봉투에 꼭 감사내용을 같이 적어서 하라고 광고했거든요. 그리고 추수감사주일이 되고 예배를 마치고 헌금계수위원들이 아이들이 드린 봉투를 열어서 통계를 내고 있는데 그날따라 봉투가 많아서 저도 도와드린다고 봉투를 하나 집었는데 봉투가 묵직

한 겁니다.

그래서 봉투를 들었더니 동전이 두두두 흘러 나왔어요. 십 원짜리, 오십 원짜리 등등 다 합치니 380원이었습니다. 아무리 어려워도 아이들이 절기헌금은 최소 천원은 합니다. 그리고 형편이 되는 아이들은 오천 원, 만 원 이상을 하기도 하거든요. 헌금을 보면서 이 아이가 다른 의도(?)가 있나 생각이 들어서 이 반을 담당하는 선생님에게 이 아이가 어떤 아이냐 물어보니 초등학교 3학년 영화(가명)의 가정형편을 이야기해주시는데 엄마는 도망가고 할아버지 밑에서 살고 있다는 거예요. 그리고 아버지는 두 달에 1번 들어오실까 말까하는 오빠(초5)와 같이 사는 조손가정에서 자라고 있는 친구라는 겁니다.

산동네에 살면서 너무나 열악한 가정에서 나오는 친구였어요. 그런데 추수감사주일에 영화도 헌금을 하고 싶어서 오랫동안 모았던 자기의 전 재산을 봉투에 담아 하나님께 드린 것이지요. 그 상황을 알고 나는 마음이 먹먹했습니다. 엄마도, 아빠도 없는 산동네에서 할아버지와 어렵게 사는데 무엇이 감사해서 이 헌금을 했을까? 이게 예수님이 받았던 과부의 두 렙돈이 아니었을까?

그 모습이 너무 감동이 되어서 하나님, 이 아이들의 결핍을 주께서 책임져주시고 영적 부모가 되어주십시오. 그렇게 기도하면서 이런 취약계층의 친구들의 구강상태가 대부분 좋지 못하거든요. 아는 치과원장님께 데려가니 치아가 너무 엉망이라 치과병원에 가야 한다고, 그래서 부산치대CMF 선생님들이 병원에서 치아치료를 맡아주셨고 학원은 근처도 갈 수 없는 형편이기에 인제의대CMF이신 본과 이○○자매님(나중에 마취과전문의가 되셨습니다)이 일주일에 몇 번 시간을 내어서 오빠와 영화의 공부를 돌보아 주셨습니다.

전주예수병원에서 병원장을 하셨던 설대위 선교사님이 계십니다. 이 분은 미국의 튜레인 의대를 수석으로 졸업하신 외과의사이세요. 평생에 예수병원에서 환자를 섬기셨고 병원의 의료기기가 필요할 때마다 모금을 하셔서 병원에 기증하셨습니다. 은퇴하시고 미국에서 사모님과 계시다가 한국에서 기념행사에 초청을 받은 적이 있었어요. 사모님이 막상 입고 갈만한 옷이 없어 친구들이 빌려주어 그 옷을 입고 행사에 오셨다고 해요. 평생 의사부부하셨는데 왜 옷이 없을까요?

십일조 해야 합니까? 헌금 꼭 해야 하나요? 이런 질문을 드릴 때 초등학교 3학년 영화가, 설대위 선교사님은 그들의 인생과 삶을 남김없이 하나님께 헌신하셨습니다. 그것도 기쁨과 자원함과 감사를 담아서 말이지요.

우리 구독자 중에 교회를 다니시는 분이나 또 새롭게 교회를 출석하시는 분들이 이렇게 헌금을 드릴 때 억지로 하라고 하는 교회는 잘 없어요. 그걸 드릴 때 여러분이 마음을 담았느냐? 여러분이 눈치가 보여서 억지로 하잖아요. 그러면 여러분이 아무리 많이 드려도 하나님이 받으실까에 물음표입니다. 액수는 많지 않지만 마음을 담아서 하나님 앞에 드리면 받으신다고 생각을 해요.

황원장
댓글에 왜 주보에 헌금 명단을 싣느냐도 많았는데 목사님은 어떻게 생각하세요?

박목사
맞습니다. 이번에 왜 주보에 명단을 올리느냐? 댓글에 그게 조금 많았어요. 저는 그런 경우도 봤거든요. 명단에다가 액수를 넣어요. 정말 그거는 제가 볼 때 한국교회 한두 교회에나 있는 건데 그 교회 다니는 제자 청년이 상처를 받은 거예요. 목사님 어떻게 명단에 액수를 넣습니까? 그럴 수 있나요? 그래서 나는 그거 성경적이지 않다고 생각한다. 그렇게 하면 그 사람이 얼마 하는지 그 사람의 재정 형편이 모두 공개되는데 아니 그게 어떻게 가능한 것이냐? 너무 제가 충격을 받았습니다.

자 그런데 주보에 명단을 공개하는 이유는 명단이 들어오고 액수가 파악되면 기재를 하고 재정위원회에서 그 날로 다 통계를 냅니다. 연말에 기부금영수증 끊을 때 그 재정장부에 기초해서 내 주거든요. 그러니깐 주보에 명단을 올리는 이유 중의 하나는 어떤 분이 분명히 헌금을 했어. 그런데 이게 주보 명단에 안 올라온 거예요. 이게 에러가 난 거잖아요? 그래서 봤더니 그 헌금함에 봉투가 딱 붙어있었던거예요! 그러면 이 헌금이 사라질 수도 있고 문제가 될 수도 있기 때문에 명단을 올리는 이유가 여러분 헌금 많이 하십시오. 그게 아니고 재정의 투명성이예요. 크로스체크가 되도록 하기 위해서요.

어느 시골교회에서 목사님이 우리 교회는 앞으로 헌금명단 안올린다 하시고 그렇게 하셨는데 나중에 할머니들이 다시 명단 넣으라고 왜냐하면 내가 헌금을 했는지 안했는지 주보에 명단이 없으니 헷갈리고 찜찜해서 다시 복원을 했다고 합니다.

헌금 | 47

명단이 없는 교회도 있어요. 저는 좋다고 생각해요. 그런데 명단이 있다고 해서 무조건 나쁘냐? 그거는 교회 상황에 따라서 조금 다른 것 같아요. 제가 아는 목사님은 일부러 헌금 액수를 안 봐요. 왜냐하면 이분이 얼마를 했다 알면 내 마음이 이상해질까 봐 명단은 받지만 액수는 절대 받지 않지요.

황원장

교회를 조금만 다녀 보신 분이면 그 헌금이 목사님한테 다 가는게 아니라는 걸 성도님들은 다 아신다고요. 대형교회 목사님들은 사례가 많습니까?

박목사

제가 본 적이 없어 가지고 상대적으로 아무래도 그 분들은 판공비도 있고 출장비도 있고 도서비도 있고 자녀교육비도 있고 기본적으로 교회 사이즈가 되고 재정이 되니까 일정 이상의 사례를 받는다는 이야기는 들어서 알고 있습니다.

저는 사역을 할 때 저의 사역원칙이 있어요. 저는 작은 교회 설교 하러 많이 다니잖아요. 가끔 중대형교회 집회도 갑니다. 제가 설교할 때 성도 한 분이 앉아 있어도 그 한 분 안에 천하고 있고 천 명이 앉아 있어도 한 분 앞에 설교하는 것처럼 섬세하게 해야 된다고 생각해요. 한 명이라고 우습게 보면 안 되고 천 명이라도 쫄면 안 됩니다. 그래서 성도가 한 명 출석하는 교회든, 성도가 많이 나오는 교회든 다 같이 소중하지요.

지상교회는 하나예요 교단으로 나뉘고 지역으로 나뉘지만 하나이고 시간을 초월해서 하나예요. 고린도전서 12장이 말하는 교회가 한 몸이라는 이야기는 지역을 초월해서 시간을 초월해서 지상 교회가 어느 순간에 다 연합해서 머리 대신 그리스도 앞에서 하나로 주님을 찬양할 거예요. 그러니깐 우리가 작은 교회, 중간교회, 큰 교회를 가르는 게 큰 의미가 없다고 생각해요. 그런데 대형교회에 한, 두 교회의 그런 잘못이나 재정집행 때문에 모든 교회가 그렇게 평가받는다는 것 자체가 가슴 아프고 나머지 교회들은 그 교회의 아픔이 내 아픔인 것처럼 아파하면서 그 교회를 위해 기도해 주셔야죠!

황원장
일단 우리 주변에는 그런 교회를 저도 본 적이 없고 목사님도 실제로 본 적이 없는 거죠. 그런 경우가 있다면 상식적인 목회를 하는 교회는 아닌 거 같다라는 생각이 드네요.

황원장
교회가 돈으로부터 좀 자유로워질 수 있는 방법은 없습니까?

박목사
그러니까 그게 자본의 논리가 교회에 들어와 가지고 하나님을 예배하는 것 같지만 돈을 예배하는 거잖아요. 예수님이 이야기했잖아요. 돈과 하나님을 겸하여 섬길 수 없다. 하나님을 대적할 수 있는 유일한 존재가 있는데 그게 돈이에요! 자본이에요! 그게 영적 세력인거죠. 어느 순간 우리가 너무 자본의 논리와 인원의 논리에 지배당해서 정작 예수님이 이 교회를 통해서 보여주시고자 하는 부분을 우리가 보지 못하고 욕심으로 보고 있다면 조금 우리가 돌이키는 것이 필요하지 않나 그렇게 생각을 하죠.

다음의 성경구절이 의미하는 바는 무엇입니까?

〈창세기 14장 20절〉 너희 대적을 네 손에 붙이신 지극히 높으신 하나님을 찬송할지로다 하매 아브람이 그 얻은 것에서 십분 일을 멜기세덱에게 주었더라

〈사도행전 5장 3,4절〉 베드로가 이르되 아나니아야 어찌하여 **사탄이 네 마음에 가득하여 네가 성령을 속이고** 땅값 얼마를 감추었느냐 땅이 그대로 있을 때에는 네 땅이 아니며 판 후에도 네 마음대로 할 수가 없더냐 어찌하여 이 일을 네 마음에 두었느냐 사람에게 거짓말한 것이 아니요 하나님께로다 〈고린도후서 8장 2,3절〉 환난의 많은 시련 가운데서 그들의 넘치는 기쁨과 극심한 가난이 그들의 풍성한 연보를 넘치도록 하게 하였느니라 내가 증언하노니 그들이 힘대로 할 뿐 아니라 힘에 지나도록 자원하여

구약의 헌금정신과 신약의 헌금정신이 다른 것이 아닙니다. 구약의 헌금도 액수보다 그 마음과 정신이 중요하다고 말씀합니다.(시51:17) **신약은 몇 분의 일이냐를 넘어서 헌금에 마음을 담아 즐겨내는가를 가장 중요한 요소로 봅니다.**(고후9:7)

함께 나눌 질문들

1. 아브라함이 멜기세덱에게 십일조를 드린 이유는?

2. 아나니아와 삽비라가 죽임을 당한 이유는?

3. 신약의 헌금정신이 구약의 헌금과 어떻게 연결 됩니까?

정치

댓글 중에서

저도 댓글 추가요~~~
그쪽 목사님인 것 다 아는데
은근 이쪽 까는? 그 심보는 무엇인지.
강단에서 정치얘기 금물이 바람입니다.
아예 정치목사로 나가시던지ㅜㅜ

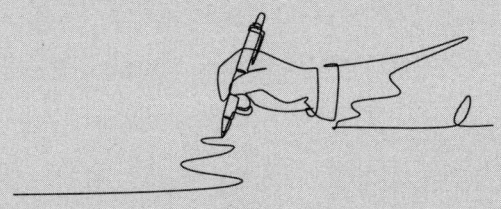

황원장

목사님이 어떤 정치적인 성향의 설교를 하는 이런 것들을 많이 하시잖아요. 그런 것들을 강단에서 해도 되는 것이냐에 대한 실망을 많이 하는 분들이 있어요. 그거 어떻게 생각하세요?

목사님은 야당입니까? 여당입니까?

박목사

저는 천당입니다.

황원장

(웃음) 하 하 하

박목사

목사님들이 교회 강대상에서 어느 한편을 드는 정치적

설교는 지양되어야 한다고 생각을 해요. 왜냐하면 교회 성도들의 구성이 교회를 보면 여당도 있고 야당도 있지만 중도도 있고 무관심도 있어요. 하나님의 말씀을 가지고 어느 한쪽 편을 드는 설교를 해버리면 그 반대편에 있는 성도들은 뭐가 되죠?

하나님의 말씀을 어느 정치적 성향을 선택하는 기초로 삼으면 저는 성경적이지 않다고 생각합니다. 저도 이제 작은 교회 다니잖아요 목사님들의 정치성향이 다 다른 거예요. 저는 교회를 섬기는 거지 목사님의 정치성향을 섬기는 게 아니잖아요! 그러니깐 저는 그게 문제가 안돼요. 목사님들이 어떤 정치성향을 가지든 나는 주님의 몸 된 교회와 목회자 가정을 섬기니까 문제가 되지 않잖아요. 저는 가능하면 설교에서 실제적인 정치 이야기를 빼는 게 성도들을 위하는 거고 교회에 한 몸을 이루어 가는데 저는 필요하다고 생각해요.

〈 아래 글은 박목사가 2025년 2월 29일, 페이스북에 올렸던 글인데 성도(목사)로서 정치에 객관적인 기준을 가지는데 미력하나마 도움이 되리라 봅니다. 〉

〈저도 작금의 상황과 정치에 대해서 한마디 하겠습니

다 〉

 저는 진보에도 있어봤고 보수에도, 중도에도 있어 봤습니다. 지나온 시간 다양한 스펙트럼을 가지고 있어 봤습니다. 부산의 한 국립대학교 일반대학원을 다니면서 다양한 정치인을 만났습니다. 제가 만나는 목사님들은 좌에서 우까지 다 계십니다. 신문을 볼 때도 조선, 중앙, 동아와 한겨레, 경향, 오마이를 늘 같이 봅니다. 두 영역의 신문들을 같이 보면 동일한 사건을 가지고 자기 영역에서 어떤 관점과 논지로 전개하는지를 보면서 깨닫는 부분도 있고 진영논리의 한계도 봅니다. 100분토론, 밤샘토론, 끝장토론 밤을 새우면서 보는 사람입니다.

 그런데 정치노선라는 것이 자기가 선택한 분도 계시지만 자라온 지역, 배경, 학교, 경제적 능력 등등으로 태생적으로 결정된 부분도 많습니다. 그 증거가 내가 태어난 곳이 전라도에 있느냐, 경상도에 있느냐에 따라 우리의 정치노선에 많은 영향을 줍니다. 저도 다른 분에게 밝히지 않는 저의 정치 노선이 있습니다. 그러함에도 제 방향이 최선이라고 생각하지 않습니다. 제가 모든 것을 알고 판단할 능력이 없다는 것을 알기 때문입니다. 인간은 한계를 가진 어쩔 수 없는 죄인입니다.

보수는 늘 일본에 관대합니다. 진보는 북한을 끌어 앉습니다. 왜 그런 것일까요? 그렇게 일제강점기에 신사참배를 시키고 우리를 수탈하며 고통스럽게 하며 지금도 여전히 독도가 자기 땅이라는 일본을요? 그리고 그렇게 6.25전쟁으로 이 땅을 잿더미로 만들고 연락사무소 폭파시키고 늘 미사일과 핵으로 위협하는 북한을 두둔할까요? 그것은 일반인이 알지 못하는 이해관계가 걸려 있는 것이지요. 그런데 역사적으로 일본이든 북한이든 교회를 늘 파괴하고 핍박했습니다.

최근에는 목사님들이 양편을 나누어 싸우고 있습니다. 두 가지 논쟁이 있지요~ 탄핵을 찬성하느냐 반대하느냐? 침묵하면 정체를 밝히라는 등, 설교시간에 한 쪽 편을 드는 정치적 내용을 담아야 하는가? 말아야 하는가? 싸웁니다. 그 치열한 목사들의 싸움 앞에서 성도들은 무엇을 보고 배울까요? 교회는 왜 이런 논쟁의 장이 되어야 하는 것이지요? 내 의견에 동조하지 않으면 연을 끊고 인간취급하지 않고 갖다 버려야 합니까? 그 인간은 구원도 못 받는 것입니까?

제가 경험한 것입니다. 전라도 한 교회의 목사님과 경상도의 한 교회의 목사님의 본문이 같았습니다. 주해도 해석도 복음적으로 거의 비슷했습니다. 그런데 적용이 달랐습니다. 한 쪽은 그쪽 정치인을 지지하고 한 쪽은 이쪽 정치인을 지지했습니다. 그렇게 안하면 저주받는다고 말씀하십니다. 그러면 하나님의 말씀이 찢어지는 겁니까? 해석이 잘못된 것인가요? 적용이 잘못된 것인가요? 하나님이 어느 한 쪽 정치를 지지 하지 않으면 도대체 언제 죄라고 지옥에 간다고 말씀하셨습니까?

정치는 생물이고 아주 가변적인 것입니다. 그 지도자가 지금은 잘해도 타락하지 않는다는 보장이 없고 지금 부족해도 나중에 잘 할 수 있습니다. 교회는 선지자로서 잘못은 지적하고 잘하는 것은 칭찬하면 되지요~ 그런데 교회가 오로지 한 편의 입장만을 정답처럼 고수한다면 그 정치인이 나락으로 떨어지면 교회도 그렇게 취급당하고 망해야 합니까? 그래서 신문에 나오는 예화는 바로 쓰면 안 됩니다. 언제든 가짜뉴스가 될 수 있기에 검증의 과정이 필요하기 때문입니다.

정치지도자와 정치 사안을 찬성하고 반대하는 것이 교회가 생명으로 알고 전하는 예수 복음보다 더 우선적이고 긴

급하고 절대적인 것입니까? 거기에 우리의 모든 시간과 자원을 투입하는 것이 정당한 것일까요? 교회 안에는 다양한 성도들이 있습니다. 그 성도들에게 진리가 아닌 하나의 특정한 정치성향을 배타적으로 강조하면 반대쪽에 있고 중도로 있는 분들은 교회를 옮겨야 하나요? 실제로 그런 일이 벌어지고 있습니다. 성도들이 떠나서 우파교회와 좌파교회로 결집하는 것이지요! 그것도 싫으면 가나안 성도가 되는 것이지요. 이게 교회의 한 몸 됨을 정말 이루는 것입니까? 도리어 진리가 아닌 정치 때문에 교회 안에서 진흙탕싸움이 벌어지고 있습니다.

제가 작은 교회 돕는 사역하면서 그 교회의 목사님의 정치성향 때문에 연을 끊거나 지원을 포기한 적이 없습니다. 어떤 정치성향이라도 저는 교회와 목사님의 가정을 돕습니다. 여러 가지 정치 방향을 이야기하실 때 동조해드리고 그 분의 입장에서 이해하려고 최선을 다합니다. 그러면 거기에서 대화의 물꼬가 터집니다. 목사님이 제가 충분히 그 의견에 동의합니다. 그런데 이런 부분은 과하지 않습니까? 이야기하면 좋은 분위기가 되고 다음 교제로 이어집니다. 상호존중과 배려가운데 상생과 대안이 있습니다.

교회는 어느 쪽이 정권을 잡으면 유리할까요? 그런데 교회가 정권의 힘에 기대어 생존하는 공동체입니까? 어느 쪽이 정권을 잡으면 교회는 사라지는 겁니까? 이번에 의료사태가 일어났습니다. 해결의 기미가 보이지 않는데 과연 여당과 야당은 다른 스탠스를 가지고 있었습니까? 여당에서 토론 때마다 의대생 몇 천 명을 늘려야 한다는 의견으로 한 대학교의 김○ 교수님을 전면에 내세웠습니다. 그런데 그분이 야당의 비례대표로 가셨지요? 뭡니까? 똑같다는 것입니다. 그래놓고 표면적으로 이해한다고 여러분의 의견을 반영하겠다며 표를 의식하며 유불리를 따지며 아닌 척 하는 것이지요.

정치는, 정치인은 교회를 늘 이용하지 예수를 믿는 것은 아닙니다. 교회 안다니면서 성도라고 하고 선거 때마다 예배 와서 인사합니다. 조찬 ○○회를 드리지만 그거는 그냥 종교인들을 향한 격려모임이지요~ 정치, 정치인 입장에서 어떻게 종교를 이용할지를 고민하겠지요. 그게 기독교든, 불교든, 천주교든, 단 거기에 정권에 우호적이느냐? 반대 성향을 가지고 있느냐? 선거에 도움이 되느냐에 입장이 바뀝니다. 우호적인 자에게 혜택을 주고 반대하는 자에게는 불이익을 주겠지요. 정치가 한 번도 예수님을 구주로 고백한 적은 없습니다. 이용만 했을 뿐이지요.

정치 이야기가 나와서 타협이 되는 경우를 보셨습니까? 명절에 한 가족이라도 결국 얼굴 붉히고 싸우다 헤어집니다. 하물며 거기에 종교적 신념을 넣고 교회를 섞으면 사실상의 전쟁으로 돌입하는 것입니다. 문제는 그 전쟁이 지금 주님의 몸 된 교회 안에서 버젓이 벌어지고 있다는 것이지요! 주님의 몸을 갈기갈기 찢다 못해 분해를 시켜버리고 있고 그 선두에 목사님들이 있습니다. 복음과 생명이 아닌 구호와 선동으로요~! 하나님은 반드시 그 책임을 주님의 날에 물으실 것입니다.

우리는 독재공산국가에 살지 않습니다. 그 나라는 남편을 오빠라 불러서, 한국드라마 보다가 잡혀가고 죄를 묻습니다. 지존인 수령을 비판하면 묻지마 총살이지요. 하지만 민주주의는 다양한 정치성향과 의견제시를 언제나 일상으로 열어놓고 있습니다. 그래서 민주주의입니다. 찬성할 수도 있고 반대할 수도 있습니다. 기권할 수도 있고 침묵할 권리도 있습니다. 대통령도 어떤 정권지도자도 마음껏 비판하거나 칭찬할 수 있습니다. 그런다고 잡아가지 않습니다. 선거 때 여러분이 가진 의견과 투표 때문에 구금시키지 않습니다. 투표안하고 기권한다고 벌금내지 않습니다. 왜냐하면 그것은 개인이 자유롭게 발언하고 선택하고 책임지는 것이 존중되어지는 제도 안에 우리가 살기 때문입니다. 이 제도가 있기까지 역사가운데 많은 분들의 헌신과 수고가 있었습니다.

〈저는 우리 목사님들과 교회(성도)에 감히 제안합니다.〉
1. 설교에서 정치이야기 그만 하십시오. 목사는 모든 영역의 성도를 품는 자입니다.
2. 성도들의 모임과 전도회에서 정치 이야기 자제하십시오. 결국 싸웁니다.
3. 상대 성도가 어떤 정치적 방향성을 가지든 서로 존중하십시오. 다 이유가 있다고 생각하십시오. 그래야 나도 존중받습니다.
4. 이 나라의 가슴 아픈 상황을 놓고 교회가 한 마음으로 기도하며 선한 길로 해결이 되도록 다같이 전심으로 기도하십시다. 성도는 집회와 구호를 넘어 무릎으로 기도하는 사람입니다.

〈글을 마치며〉
이 의견 또한 한 연약한 개인의 생각일 뿐입니다. 절대적이지 않습니다. 하나님 한 분 만이 절대적이시고 선하십니다. 충분히 다르게 생각하실 수도 있고 반대하실 수도 있습니다. 그렇다고 저는 여러분을 형제가 아니라고 구원이 없다고 지옥에 간다고 생각하지 않습니다. 여전히 동역자요 한 몸이요 형제와 자매임을 고백합니다. 찢어진 교회공동체가 회복되고 하나가 되기를 간절히 소망하며 이 글을 올리니 이것이 또 다른 싸움의 불씨가 되지 않기를 바랍니다. 서로를 주님의 마음으로 낮게 여기고 배려하고 사랑하는 우리가 되기를 진심으로 소원합니다.

〈빌립보서 2장 3~5절〉
아무 일에든지 다툼이나 허영으로 하지 말고 오직 겸손한 마음으로 각각 자기보다 남을 낫게 여기고 각각 자기 일을 돌볼뿐더러 또한 각각 다른 사람들의 일을 돌보아 나의 기쁨을 충만하게 하라 너희 안에 이 마음을 품으라 곧 그리스도 예수의 마음이니

다음의 성경구절이 의미하는 바는 무엇입니까?

〈신명기 5장 32절〉 그런즉 너희 하나님 여호와께서 너희에게 명령하신 대로 너희는 삼가 행하여 **좌로나 우로나 치우치지 말고**

〈베드로전서 2장 13,14절〉 <u>인간의 모든 제도를 주를 위하여 순종하되</u> 혹은 위에 있는 왕이나 혹은 그가 악행하는 자를 징벌하고 선행하는 자를 포상하기 위하여 그의 보낸 총독에게 하라

교회와 국가는 역사적으로 오랜 시간 긴장과 분쟁으로, 때로는 협력으로 다양한 관계를 가져왔습니다. 불의한 국가가 아니라 정상적인 국가이고 성경에 반하지 않는 법과 제도로 다스린다면 교회는 국가와 협력하며 교회의 사명을 수행할 수 있습니다. 단 교회는 국가가 잘할 때는 칭찬하고 잘못할 때는 엄중하게 비판하는 선지자로서의 책무가 있음을 꼭 기억해야 합니다.

함께 나눌 질문들

1. 국가는 교회의 생존(흥망성쇠)에 어떤 영향을 끼칩니까?

2. 당신이 정치적으로 지지하는 쪽이 어떤 오류도 없다고 생각하십니까?

3. 교회 안에 성도들이 서로 다른 정치성향으로 충돌할 때 이것을 지혜롭게 풀어갈 수 있는 방안이 있다면?

건축

댓글 중에서

하나님의 전을 건축한다는 이유로
세상에서 빛내는 일
건물이 중요하지 않잖아요?
건물올리는데
교회의 모든 역량을 쓰고 나가 떨어지면
정작 하나님께서 원하시는 일들은
언제, 누가 하나요?
그럼 교회는 왜 존재하는건지....

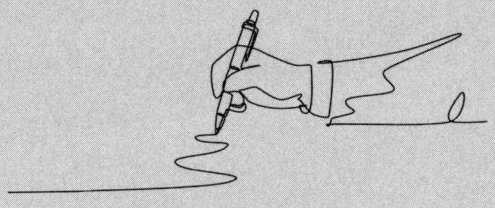

황원장

건축에 대해서 어떻게 생각하세요?

박목사

젊은 시절에 제가 참 좋아했던 수원에 ○○○교회라고 있습니다. 담임목사님이 강○○목사님이신데 거의 예수님처럼 사셨어요. 예수님과 함께 하는 것이 너무 좋아서 결혼도 평생 안하시고 사역을 하셨는데, 목사님은 교회 사례도 거부하고 자전거를 고치시면서 설교를 하셨어요. 그 교회는 처음에 제대로 된 건물이 아니었어요. 거의 비닐하우스 비슷한 갑바를 씌운 천막교회였습니다. 교회가 많이 성장했는데 지금도 거의 조립식 건물로 유지되고 있습니다. 건축이 꼭 필수는 아닙니다.

그러함에도 저는 필요에 의한 건축은 해야 한다고 생각합니다. 너무 좁아! 성도는 많고 성도는 많은데 공간은 미

어터져요. 그러면 건축해야죠. 그리고 성도는 많은데 화장실이 너무 적어. 청소년들을 위한 공간이 필요하다면 교회의 재정 상태와 성도들의 동의하에 저는 짓는 게 필요하다고 생각해요. 그런데 문제는 뭐냐면 교회를 크게 지어 놓으면 성도들이 올 것이다. 그리고 빚으로 짓는 거지요.

제가 아는 교회는 코로나가 시작할 때 빚을 내어서 1000명 성도가 들어가는 교회를 건축했어요. 성도는 100명밖에 되지 않는데 그러니 빚도 갚아야 하고 여러 가지 문제가 벌어지는 거예요. 그런데 코로나때 좋은 거 딱 한 가지는 있었어요. 뭐냐면 정부에서 교회 방역으로 거리제한을 두었잖아요. 그런데 그 교회는 1000명이 들어가는 교회에 100명이 예배를 드리니 거리제한이 필요 없는 거예요. 그거 하나는 좋았다고 합니다. (웃음)

건축을 할 때 교회의 재정위원회가 계산을 하고 3년 안에 5년 안에 상환이 될 것이다. 그걸 예측하고 해야 되지. 저번에 어떤 교회는 성도는 작은데 수천 명이 들어가는 교회를 지은 거예요. 그리고 빚이 엄청나요. 시간이 지나도 빚을 못 갚고 있는 거죠. 대출이 상환이 안 돼. 그러니까 교회를 다시 팔아야 하는데 이단이 사는 거예요.

황원장

그 교회를 이단 교회로 바꿔 버리는 거네요.

박목사

그러니깐 너무 가슴이 아프잖아요. 필요에 의해서 지어야 한다고 생각해요. 큰 교회가 화려하게 짓고 랜드마크가 되고 교회가 너무 화려하면 가난한 사람들 못와요. 와 이건 내같이 가난한 사람은 못 가겠다. 그런 문턱을 이렇게 높여 버리는 거죠. 그런 부분들을 조금 돌아봤으면 좋겠습니다.

황원장

결국 상식의 문제네요. 어떻게 보면 직분이든 헌금이든 건축이든 상식적으로 하면 문제가 안 되는 건데 이게 상식을 넘어서 이런 것들을 바라다보니까 성도들이 상처를 받는 거네요.

다음의 성경구절이 의미하는 바는 무엇입니까?

〈하박국 2장 20절〉 오직 여호와는 그 성전에 계시니 온 천하는 그 앞에서 잠잠할지니라

〈사도행전 17장 24절〉 우주와 그 가운데 있는 만유를 지으신 신께서는 천지의 주재시니 **손으로 지은 전에 계시지 아니하시고**

〈마태복음 18장 20절〉 두 세 사람이 내 이름으로 모인 곳에는 나도 그들 중에 있느니라 〈에베소서 2장 22절〉 너희도 성령 안에서 <u>하나님의 거하실 처소가 되기 위하여</u> 예수 안에서 함께 지어져 가느니라

성경은 하나님의 임재의 방식을 다양하게 표현하고 있습니다. 처음에 에덴동산에서 거니시던 하나님이(창3:8) **성막과 성전에 거하시고**(출33:10) **예수 그리스도의 오심으로 그 공간을 넘어 성도의 심령과 그들이 모인 교회공동체와 함께하신다고 말씀합니다.**

함께 나눌 질문들

1. 왜 성막이나 성전 안에 거하시는 하나님으로 표현되고 있는가?

2. 두 세 사람이 주님의 이름으로 모인 곳이 교회라고 볼 수 있는가?

3. 당신의 교회는 필요에 의한 건축을 하고 있는가? 아니면 다른 의도와 목적이 있는가? 그것을 감당할 재정적 능력이나 상환능력이 있는가?

관계

댓글 중에서

제가 교회가기 망설여지는
이유가 다 여기있네요ㅎㅎ
너무 커뮤니티가 공고한거같아
저같은 사람은 사람들이랑
내밀하게 교제안하고싶은데
부담스러울것같아 가질못하겠어요ㅠㅠ

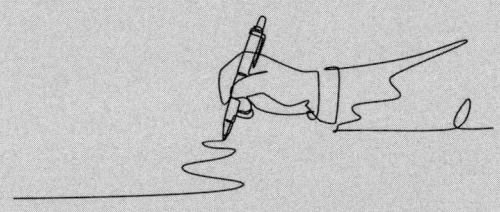

황원장

상처받고 교회를 떠난 성도님들이 되게 많잖아요? 이런 분들에 대해서는 어떻게 생각하십니까?

박목사

그래서 저는 어느 부분은 이해가 돼요. 소수지만 이상한 목사님들 과격한 성도들 때문에 상식을 넘어서는 그분들 때문에 큰 상처를 받았다.

제가 고3때, 저희 교회에서 건축을 위한 부흥회를 했어요. 강○○목사라는 부흥사를 모시고 집회를 하는데 설교시간에 그렇게 욕을 하는 거예요. 그리고 마지막 날 이제 건축을 위해서 작정헌금을 하겠다 모두 눈을 감으라고 하고 이제부터 100만원 하실 분 손을 들겠다. 성도들이 손을 안드니 오늘 하나님께서 분명히 말씀하셨다. 10명 손들 것이라고 말씀하시고 강제로 100만원, 300만원, 500만원, ·1000만원, 차례로 손을 들게 했어요. 그리고 전도사 뭐해! 빨리 다 받아 적어! 설교시간에 욕을 하는 것도 마음에 들지 않았지만 하나님이 헌금액수를 계시해 주시는 그런 분이신가? 많은 목사들을 만나봤지만 정말 이상한 목사였다는 것이 지금도 잊혀지지 않습니다. 이 목사님이 근처 큰 교회에서 그렇게 집회하다가 끌려서 내려왔다는 이야기는 나중에 듣게 되었어요. 우리 교회 교인들이 참 착하셨다는 생각을 했는데 그 때 서원한 금액은 어찌되었던 다 헌금하신 것으로 알고 있습니다.

교회에 상처를 받으신 분들이 이 상태로 도저히 더 이상을 못하겠다. 좀쉬겠다. 조금 쉬는 부분은 필요한 것 같아요. 쉬면서 충전하면서 하나님의 위로를 누리는 하나님은 아픈 사람들에게 다가 오시잖아요.

20년이 넘게 지났지만 지금도 잊지 못하는 수련회가 있는데요. 작은 교회에서 참가한 청소년들이 200명 가량 되었고 강사로 이○○목사님을 모시고 캠프를 열었어요. 저는 남자상담자로 섬겼습니다. 매번의 집회마다 눈물 콧물 다 빠지는 캠프(수련회)는 처음이었는데요. 마지막 저녁집회에도 어김없이 큰 은혜를 부어주셨어요. 그런데 중학교 2

학년 정도 되어 보이는 여자 아이가 저녁집회를 마쳤는데도 교회모임으로 돌아가지 않고 강당에서 혼자 울고 있는 거예요.

그 때 그 캠프(수련회)에서는 우연찮게 조를 맡은 상담자들이 모두 남자 분들이셨는데 상담에는 기본 원칙이 있어요. 여자가 울면 여자상담자가 가서 상담을 해야 하는데 저렇게 울고 있는 여자 아이에게 남자 상담자가 다가가기에는 좀 어려운 상황이었어요. 어떻게 해야 하나 고민하는 차에 마침 저번 캠프(수련회)에 상담자를 하신 김○○ 전도사님이 방문을 하셨어요. 바로 전도사님에게 저 울고 있는 아이에게 가서 이야기를 들어주고 상담을 부탁을 드렸죠.

전도사님이 왜 그렇게 울고 있느냐고 물었을 때 중2 여자 친구가 그렇게 대답을 했어요. 캠프 오기 전에 부모님이 이혼을 하셨는데 아빠도 엄마도 자기를 데려가겠다고 말하지 않은 너무나 서글픈 상황가운데 캠프(수련회)에서 정말 하나님의 은혜가 깊이 있게 다가와서 너무나 좋았다고. 그런데 막상 캠프(수련회)를 마치고 집으로 돌아가야 즈음에 아빠 집으로도, 엄마 집으로도 어디로도 갈 수 없는 상황을 생각하니 너무나 슬프고 고통스러워서 눈물이 멈추지 않았다는 것이지요. 전도사님은 부모님이 이혼하지도 않으셨고 원만한 가정에서 생활했기 때문에 뭐라고 아이에게 이야기를 해 주어야 할 지 난감했는데 마침 전도사님이 그날 아침에 Q.T(성경묵상)를 하고 오셨는데 그 내용이 마침, **시편 27편 10절, 내 부모는 나를 버렸으나 여호와는 나를 영접하시리이다** 라는 말씀이었어요.

전도사님은 그 본문으로 세상의 부모라 해도 여전히 죄인이고 연약해서 자기의 자녀도 때로는 돌아보지 못하고 책임지지 못하는 경우가 있다. 그러나 하나님은 우리의 부모님 되셔서 세상의 부모와 달리 어떠한 상황과 형편에서도 자신의 자녀된 택한 백성을 결코 버리지 않는다고, 하나님이 너를 책임지시고 반드시 인도하신다는 그 말씀을 전하자 아이가 눈물을 뚝 그치는 것이었어요. 그리고 다음 날 어디로 갈지도 모르는 상황가운데 환한 미소로 수련장을 떠나는 그 아이를 지금도 잊을 수 없습니다.

하나님은 상처 받고 슬퍼하는 자를 친히 위로하시는 분이십니다.

때로는 교회를 떠났다 할지라도 하나님께서 늘 붙들고

계시는데 교회 안에 있든지, 교회 밖에 있든지 신앙양심을 주셨거든요. 이건 아닌데 이거 넘으면 안 되는데 그런 생각이 들 때가 있잖아요? 그러니깐 좀 이 교회가 너무 힘들어서 떠났어요. 그런데 이게 뭔가 찝찝하잖아요? 약간 그 설명할 수 없는 허무함이 있잖아요? 자기가 아는 거죠. 교회 밖에서 계속 머물러 있는 것이 좋은 것인가?

개인의 구원은 공동체에서 반드시 확인되어져야 해요!
여러분 그 용광로에서 다양한 사람들이 녹여져서 하나가 되는 거죠. 교회는 선택이 아니에요. 여러분 필수입니다. 어떤 그런 상처나 가슴 아픔도 우리가 이해하고 용서를 구하면서도 결국 여러분들이 가야 되는 곳은 그게 바로 교회다. 내가 있었던 교회가 너무 힘들고 여전히 변화가 없으면 여러분 교회는 하나잖아요? 이 말은 교회를 계속 이동하라 그 말이 아니에요. 여러 교회가 있으면 나한테 맞고 내가 섬길 공간이 있고 배려가 있는 그곳에서 여러분이 섬기면 됩니다.

여기 있는데 계속 힘들고 고통스럽고 어렵고 신앙의 발전이 없으면 하나님께 기도하시고 신앙양심이 있잖아요? 친구들에게 목사님들에게 상담을 해서 그걸 잘 듣고 가시고 거기서 신앙생활 잘 하시고 한 몸을 이루어 가시면 된다고 생각합니다.

황원장

하나님도 모이는 것을 좋아하시잖아요? 모이는 것을 폐하는 어떤 무리와 같이 하지 말라고 함께 모여서 공동체 안에서 또 받았던 상처들을 회복시킬 수 있는 그런 우리 성도님들이 되었으면 좋겠네요.

박목사

관계의 문제잖아요? 나하고 비슷한 연봉과 직군끼리 만나면 얼마나 좋겠어요? 하나님이 왜 그렇게 다양한 도무지 함께 있어서는 안 되는 사람들을 교회라는 이름 안에 다 모아놓으신 겁니까? 왜냐하면 그 공동체 안에서 나하고 다른 사람들과 섞여서 녹여내고 갈려서 온전한 인격체를 만들어 내려고 하시는 하나님의 계획이신 거죠. 사람과 사람이 부딪혀져서 갈려서 둥글둥글한 예수님을 닮아가는 성화된 존재로 하나님 앞에 서는 거예요. 결국 하나님은 교회라는 인격적인 관계 속에서 다듬어지고 만들어지고 세워지기를 원하시는 것이죠. 공동체를 우리에게 주신 하나님의 뜻이에요.

제가 만든 명언이 하나 있거든요.

남편과 부인 때문에 철학자가 되고, 자식 때문에 성자가 되고, 돈 때문에 신자가 되고, 건강 때문에 제자가 된다.

황원장
목사님 만든 거 맞아요?

박목사
제가 만든 거 맞아요. 때로는 부부끼리 싸우지만, 자식 키우면서 힘들지만, 돈 때문에 어렵지만, 건강 때문에 참 아프지만, 여러분 그런 과정들을 통해서 우리가 다듬어지고 여러분 우리가 그걸 통해서 예수님이 나의 소망이구나. 그분만이 내가 붙들어야 될 궁극적인 전부이구나. 그걸 고백하게 되는 거죠!

저도 혼자 있으면 편해요. 상처받을 일 없잖아요! 아파해야 될 일 없잖아요! 근데 만나면 오해하는 사람도 있고 다르게 분석하는 사람도 있고 하지만 그러함에도 불구하고 죄인들이 모여 있는 교회를 통해서 하실 일이 있다. 관계 속에서 하실 일이 있다.

황원장

그 모임이 중요하다. 깨지고 상처받고 넘어질지언정 그 모임이 중요한 거네요.

박목사

그렇죠. 하나님의 사람으로 만들어 가시는 거죠.

다음의 성경구절이 의미하는 바는 무엇입니까?

〈고린도전서 12장 13절〉 우리가 유대인이나 헬라인이나 종이나 자유자나 다 한 성령으로 세례를 받아 **한 몸이 되었고** 또 다 한 성령을 마시게 하셨느니라 〈고린도전서 12장 26절〉 만일 한 지체가 고통을 받으면 모든 지체가 **함께** 고통을 받고 한 지체가 영광을 얻으면 모든 지체가 **함께** 즐거워하느니라

〈에베소서 4장 2,3절〉 모든 겸손과 온유로 하고 오래 참음으로 사랑 가운데서 서로 용납하고 평안의 매는 줄로 <u>성령이 하나되게 하신 것을 힘써 지키라</u>

하나님은 다양한 자들을 불러서 하나의 교회를 이루게 하십니다. 교회는 모여만 있는 것이 아니라 유기체적으로 연결되고 결합되어 있습니다. 그래서 같이 울고 웃는 것이고 그 온전한 하나됨을 위하여 반드시 우리의 인격이 깎이고 다듬어져 성령의 성품으로 변화되어야 합니다.

함께 나눌 질문들

1. 특정한 계층(직업)의 사람들만 모이는 교회는 진정한 교회라고 볼 수 있는가?

2. 교회가 유기체적으로 한 몸을 이루고 있다는 의미는?

3. 다양한 사람들이 교회로 들어오기 위해서 교회가 낮추어야 할 문턱이 있다면?

질문

댓글 중에서

아하~ 이제 봤네요
저는 한분 한분의 댓글에
너무나 지혜롭게 공감해 주시는
쌤의 대댓글에 은혜가 되고
치유가 되는 시간이네요
감사합니다

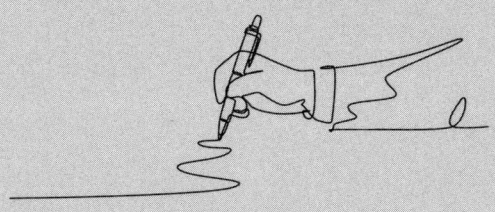

황원장

술 담배 하면 천국 갑니까?

박목사

가죠.
가는데 빨리가요. 엄청 빨리가요!

황원장

헤 헤 헤 헤

박목사

저는 이 유튜브가 정말 교회에서 할 수 없는 이야기들을 다 던지잖아요. 저희들이 이걸 받아주잖아요? 부족하지만 이게 인격적이고 상식적인 하나님의 사랑이라고 생각합니다.

황원장

저도 그게 정말 중요하다고 생각하거든요. 교회에서는 질문을 할 수 있어야 되고 이거 아니다라고 얘기를 할 수 있는 그런 교회가 저는 건강한 교회라고 생각하는데 제일 중요한 게 형님 같은 목사님, 형님 같은 장로님들이 많았으면 좋겠어요. 형님과 말도 하고 투정도 부리고 이게 되잖아요.

박목사

제가 한국누가회 학생수련회에 하면서 가장 인상 깊었던 것이 하나 있습니다. 원장님도 수련회 가보셨잖아요? 수련회를 일주일 하는데 새신자를 모아서 하는 EBS트랙이 있습니다. 거의 마지막에 참가자들에게 무슨 질문이든지 다 해라! 〈정직한 질문, 정직한 답변〉이라는 프로그램인데요. 그러면 기독교에 대한 궁금한 점, 이해 안되는 점, 때로는 말도 안되는 질문 등등 그렇게 질문을 모으면 수천 개가 됩니다.

그러면 간사님들이 그 질문을 모아서 카테고리로 분류해서 밤을 새면서 대답을 적고 다음날 답변을 하는 시간을 가집니다. 어떤 질문이든 존중을 하고 최선을 다해서 대답을 하는데, 어떤 친구가 그런 피드백을 주었어요!

　나는 기독교에 관심도 없고 친구 따라 왔을 뿐이고 내가 그냥 아무생각없이 던진 거친 질문을 간사님들이 받아주고 최선을 다해서 답을 해주는 것을 보면서 너무 깊은 감명과 인상을 받았다. 이렇게 사람을 배려하고 존중하는 게 기독교라면 나는 교회 다니겠다. 그러면서 이 친구가 수련회 마치고 교회를 가고 신자가 되었다는 것이죠. 원장님 말씀처럼 좋은 교회는 어떤 질문이든 받아내고 답해주려고 노력하는 공동체란 말에 전적으로 동의합니다.

황원장
마지막으로 해주고 싶은 말씀이 있으시다면?

박목사
　마지막으로 꼭 드리고 싶은 말이 있습니다. 직분, 헌금, 건축, 관계 이런 부분들이 신앙에 걸림돌이 되기도 하고 어려움이 되기도 합니다. 그렇다고 이것들을 모두 없애고 아무것도 안하는 것이 능사일까요? 성경은 이러한 제도와 형식이 시간을 따라 변화했어도 그 내용과 정신은 꼭 살리고 있습니다.

성전은 없어졌어도 성도들은 다락방이든 가정집이든 회당이든 건물에 모였습니다. 그들이 모인 곳이 하나님이 임재하시는 성전이 되는 것이죠. 나아가 우리의 마음이 성령이 거하실 처소가 되는 것이지요. 구약의 율법적인 십일조는 신약에서는 자원함으로 감사함으로 마음까지 담아서 드려지도록 확장되었습니다. 공동체가 아무리 직분, 헌금, 관계 등의 문제가 많고 그것으로 싸워도 그런 부분들을 폐하고 없애라고 말하지 않았습니다. 도리어 온전한 한 몸을 이루어 가기 위해 더 적극적으로 서로를 사랑하고 소통하고 배려하라고 말씀하십니다.

그래서 최근에는 전통이라는 것에 학을 떼신 분들이 우리 교회는 건물 없다, 헌금 없다, 직분 없다 그렇게 교회를 너무 이상적으로 시작하시는 분들이 계십니다. 나름의 새로운 도전을 응원하면서도 교회가 100년의 시간동안 이것을 유지하고 있었던 것은 단순히 전통 때문만이 아니라 그 틀(구조)이 내용을 담는 그릇이기도 했기 때문입니다. 컵이 없이 물을 먹을 수 있습니까? 반드시 다른 게 필요합니다. 그릇이라도, 종이컵이라도 아니면 손이라도 동원해야 합니다.

그래서 틀이 없이 내용을 보존하는 것은 생각처럼 단순한 문제가 아닙니다. 변화하는 시대에 교회도 성도도 지혜롭게 새 옷으로 갈아입어야 할 것입니다. 그러함에도 불구하고 아기 씻은 물을 버리면서 아기까지 버리는 우를 결코 범해서는 안 될 것입니다. 황원장님과 댓글에 답을 하면서 모든 이를 만족시킬 수 없지만 저희들의 진심만은 오해되어지지 않기를 바라면서 이 영상을 올립니다.

이 영상이 처음에 의도했던 신앙이 연약하신 분, 가나안 성도님, 기존성도로서 힘들어하고 실족한 분들에게 진심어린 해답과 위로, 격려와 힘이 되기를 소망합니다.

다음의 성경구절이 의미하는 바는 무엇입니까?

〈히브리서 5장 12절〉 때가 오래되었으므로 너희가 마땅히 선생이 되었을 터인데 너희가 다시 하나님의 말씀의 초보에 대하여 누구에게 가르침을 받아야 할 처지이니 단단한 음식은 못 먹고 젖이나 먹어야 할 자가 되었도다
〈욥기 42장 5절〉 내가 주께 대하여 귀로 듣기만 하였삽더니 이제는 눈으로 주를 뵈옵나이다

신앙생활은 누구나 초보로 시작합니다. 그래서 성경을 공부하고 모르는 것은 질문해서 배우는 것입니다. 그러한 단계가 없이 바로 온전한 신앙에 이를 수 없습니다. 하나님은 욥과 대화하십니다. 그의 한탄과 원망을 받아주시고 또 그에게 수많은 것들을 물으십니다. (욥38장~41장) **그 대화 가운데 욥은 하나님이 누구신지, 어떠한 분이신지, 깨달아 알아갑니다.**

함께 나눌 질문들

1. 교회에서 성경과 신앙생활에서 절대 하면 안될 것 같은 질문이 있다면?
   그 질문을 하면 안된다고 생각하는 이유는?

2. 말씀의 초보라는 것은 무엇을 의미합니까?

사과

●●●

댓글 중에서

교회문턱이 없어졌음 좋겠어요ㅋ
언젠가부터 높아진 교회 문턱~~
이사를 자주 다니느라 교회를 많이 이동했었는데
장애인예배가 있는 곳은 보지 못했습니다.
장애인들도 함께 예배드리는 모습을 거의 보지 못했구요.
약자들, 정말 도움이 필요한 분들은
교회에 정착하는 게 어려워 보여요~~~
정작 예수님께서는 병든 자, 약자들, 장애인들을
돌보시며 사역하셨는데ㅠ

황원장

마지막으로 상처받고 교회로부터 멀어지고 혼자 예배드리고 계시고 교회를 떠나야 되나 말아야 되나 하는 우리 구독자님들과 성도님들한테 한 말씀 하신다면?

박목사

아픔들 상처들 눈물들이 이렇게 계시더라고요. 목사님께 상처받은 분도 계시고 장로님께 상처받은 분도 계시고 성도님들에게도 상처받은 분이 있잖아요. 저는 한국교회를 대변하지 않습니다. 그럼에도 불구하고 이 많은 댓글들의 아픔을 보면서 우리가 이 질문을 받으면서도 진정한 사과가 있었으면 좋겠어요.

단 한 분의 목사님의 문제라도 그 목사님이 잘못이 저의 잘못입니다. 왜냐하면 우리는 한 몸이잖아요. 그래서 연약한 목사님들 때문에 아파하시고 상처받고 고민 중에 있는 분들이 계시다면 저희들이 한 목사로서 진심으로 사과드리고 싶고 또 성도들의 관계 속에서 힘들어서 또 교회를 떠나서 그 자리에 머물러 계시다면 원장님이 집사님이시잖아요. 한 성도로서 우리 댓글을 올리신 분들에게 사과의 말씀 한번 드렸으면 좋겠다 생각합니다.

황원장
상처를 드리고 그걸 또 보듬어 주지 못한

박목사 황원장
우리의 잘못이고 사과를 드리도록 하겠습니다.

사과드리겠습니다. (고개 숙이면서)

또 만물을 그의 발 아래에 복종하게 하시고
그를 만물 위에 교회의 머리로 삼으셨느니라
교회는 그의 몸이니 만물 안에서
만물을 충만케 하시는 이의
충만함이니라
〈 에베소서 1장 22절~23절 〉

우리의 아름다운 지체는 그럴 필요가 없느니라

오직 하나님이 몸을 고르게 하여 부족한 지체에게

귀중함을 더하사 몸 가운데서 분쟁이 없고

오직 여러 지체가 서로 같이 돌보게 하셨느니라

만일 한 지체가 고통을 받으면

모든 지체가 함께 고통을 받고

한 지체가 영광을 얻으면

모든 지체가 함께 즐거워하느니라

너희는 그리스도의 몸이요

지체의 각 부분이라

〈 고린도전서 12장 24~27절 〉

다음의 성경구절이 의미하는 바는 무엇입니까?

〈마태복음 18장 21,22절〉 그 때에 베드로가 나아와 이르되 주여 형제가 내게 죄를 범하면 몇 번이나 용서하여 주리이까 일곱 번까지 하오리이까 예수께서 이르시되 네게 이르노니 일곱 번뿐 아니라 **일곱 번을 일흔 번까지라도 할지니라**

〈에베소서 4장 32절〉 서로 인자하게 하며 불쌍히 여기며 서로 용서하기를 하나님이 그리스도 안에서 너희를 용서하심과 같이 하라

사람은 죄인입니다. 목사도, 성도도 다 죄인입니다. 완벽할 수 없습니다. 다만 부단히 온전함을 향해 나아갈 뿐입니다. 도무지 누군가를 용서하지 못할 때, 억만 죄악 중에 있는 우리를 먼저 용서하시고 구원하신 예수 그리스도를 기억해야 합니다. 그 분의 참된 용서를 경험한 자만이 진정한 용서를 할 수 있습니다.

함께 나눌 질문들

1. 성도 간에 도무지 용서하지 못할 일이 생겼다면?

   그 때 당신의 속마음은 어떠했습니까?

2. 나의 잘못을 누군가가 용서해준 적이 있나요? 그 사람은 왜 나를 용서해주었습니까?

〈 실제 댓글 모음 〉

@숨숨309
수능생을 위한 기도회. 그런건 다른 종교들에서도 하는거니까 안 하는 게 좋을 듯해요. 그리고 수능 안 보는 고등학생도 있고 대학 안 가는 청년도 있답니다. 수능 시즌만 반짝. 하는 모임이 아니라 평소에 자녀교육 특강과 기도모임이 있으면 좋겠습니다.

@여름별장
남편이 장로. 저도 권사지만 직분제도는 없어졌슴 좋겠구요. 계파가 없었으면 좋겠어요. 그리고 요즘 문제되는 교회는 하나님이 주인이고 하나님 말씀만 있어야지 세상의 풍토. 정치를 따라가는 세속화가 되는 게 안타깝습니다. 하나님은 분명히 살아계시고 그 말씀은 영원합니다~~

@이해하면
큰 교회건물 관리. 많은 성도들을 관리하기 위한 문화센터식 프로그램. 식당봉사와 꽃꽂이 봉사 등 여러 가지 봉사 및 행사. - 성도들이 주말에 쉴 시간이 없고 지쳐요 ㅠㅠ 봉사 하나를 시작하면 여러 군데서 요청해서 결국 겹치기 봉사로 지치게 되니 아예 봉사 강요하지 않는 교회로 도망갔어요. 말씀과 제 자신의 변화에만 집중하니 하나님의 사랑을 깨닫습니다.

@소중한일상-z1c
잦은 소모임이요. 성도간의 교제의 꽃을 피우기도 하지만 또 한편으로 소외됨으로 사람에 대해 상처받고 섞이지 못하는 분들은 어려워하시거든요. 뭐든지 적당한 사람간의 거리, 유난스럽지 않은 적당한 모임이 교회를 더 교회답게 볼 수 있게 하는 것 같아요~

@eyk12005
주보에 헌금한자 이름거제, 헌금바구니 돌림, 직분 받았을 때 전례적으로 내는 금액 등이지요.

@요안나-x5q
이렇게 말할 수 있어 넘 감사합니다.
교회 세습도 큰 문제 입니다.
두 번째는 바리새인 같은 목회자들입니다. 주님주신 권위가 있다고 성도들을 제한하고 판단하고 시험들게 합니다.
성도들이 제일 상처받는 경우는 목회자들의 언어와 행함이라고 생각합니다.

@예수님의사람
코로나 시작되며 교회에 들어갔는데
교회는 다 그런 곳인 줄 알았습니다.
봉사, 헌금, 건축헌금, 직분장사?
헌금 봉투에 이름과 액수 적는 것
주보에 게시하는 것
때에 따라 심방 기도회 여러 행사 치루며

헌금 조장하는 분위기..
남편 없이 아이와 출석하니
차별받는 것 같은 마음도 들었어요.
사정이 생겨 다른 지역으로 이사하며
교회를 옮겼는데도 다르지 않네요.ㅜㅜ
교회란 다 이런 곳인가..
하나님을 사랑하는 마음이 없었다면 진작에 때려치웠을 거예요. ^^;;

@루비-r9w
엄마가 교회에서 권사직 맡게 되었을 때 헌금 700만원 하라고 정해 줬대요...몇 년 전 일인데...참 웃겼어요....예수님께서 알면 뭐라 하실까요? 성전에서 장사하지 말랬는데...

@청사포바다꽃
안녕하세요?
58세 여자 전도사로써 지금은 가나안성도입니다.
각종 헌금봉투와 헌금자 명단 있는 주보를 없애야한다고 생각합니다.
헌금바구니 돌리는 예배순서도 없애야하구요.
장로 권사 직분 때문에 빚내서 헌금하는 것도 잘못이라고 생각합니다. 전도의 걸림돌이 되며 하나님의 영광도 가리는 것입니다. 빚내서 대출로 지은 거대한 교회건물도 부담스럽습니다.

@루비맘6868
예배참석강요 하는거요. 저는 수요예배 금요예배 주일오전오후예배 다 드리는데 새벽예배 까지 참석하라고해요ㅜ 몸이 약골이라 힘들어서 요새는 새벽예배 안가요.

@pymang3079
점심 식사요. 음식 봉사자들(여선교회 회원들)은 토욜에 장보고 재료 준비, 주일날 식사 준비, 설거지, 식당청소까지~ 육체적으로 힘드네요!
교회에서 점심을 먹으니 김장철에는 이틀간 대량의 김장하고 3~4일 앓아눕기도 해요.

@hy9532
정말 댓글들 보니 이심이 전심이네요~ 전 어른들이 정치얘기 좀 안하심 좋겠어요ㅜㅜ 교회에서 편이 나뉘는 거 시러요.

@spark067
이민생활 42년 째 느끼는건 성가대(찬양대)를 없애는 것이 좋을 듯 생각됩니다. 물론 하나님께 찬양드리는것이 아름다운일이지만 성가대원들 모여서 싸우는 일들을 너무 많이 보았습니다. 그냥 예배 때 원하시는 분들이 있어 대표로 찬양하는 것이 낫지 않을까 생각 듭니다.

@이효정-v7q
저는....대표기도요. ㅋ

목사님께서 기도해야 할 제목을 말씀해 주시고 성도 모두가 합심해서 같이 기도로 시작하고 예배후에도 그 날 말씀에 따라 합심기도 하는 시간을 가졌으면 좋겠더라구요. 성도 몇 안 되는 작은 교회는 늘 기도하는 분들만 기도하고 부담스러워서 큰교회로 가시는 분들이 의외로 많아요.

@jiachoi3828
청년부에서도 스펙과 직업나누기
아이를 못 낳는 가정도 있는데 아이 없으면 죄인 만드는 교회... 교단헌금(교단을 위해서 필수적으로 내라고 하네요)
1인 3~4봉사 필수 (안하면 눈치 보여요)
이런거 불편해서 방황하다가 대형교회로 옮겨서 조용히 다니고 있습니다.

@HoHoHo-h7t
저희교회는 교인수가 워낙 많고 그래서 권사직분을 나이 출석 십일조 그게 되면 줍니다...남편이 부당해고를 당했고 새로운 일을 시작하려고 시도하고 어려운 시간이 있어서 십일조를 못하는 기간이 길게 있었습니다. 직분이 부담되서 관심도 없고 평생집사여도 상관없는데 교구모임이나 순모임에서 저만 권사직분이 없으니 십일조 안내는 사람이다 그렇게 볼 것같아 나가기가 꺼려집니다...심지어 이번에 권사 받지요? 이렇게 물어보시는 분들도 있고 너무 부끄럽고 힘이 들어요

@어제나오늘이나
교회설교 시간에 정치 얘기 안했으면 합니다.
우리목사님께서는 안하시지만 교회들에서 정치얘기 많이 하는 것 같습니다.
교회에서는 오직 하나님 말씀만 선포되어 졌으면 좋겠습니다.

@이성애-h5g8g
방만한 락콘서트 같은 밴드 찬양. 현란한 미디어 영상으로 눈을 현혹 하고 ...주보 헌금 명단. 부부중심 사역에 끼여 들지 못하는 홀교인..

@rico5740
직분, 헌금강요, 목사숭배, 교회건물증축, 기복신앙 이런 거 다 부가적인 문제이고, 본질적인 문제는 대부분 교인들의 거듭남에 대한 경험의 부재(목사포함) 아니겠습니까? 장로교회 선조들 17c 18c 19c 청교도들의 경험; 거듭남과 성령내주의 명백한 체험적 경험. 이런 간증 할 수 있는 교인들이 몇이나 될까요? "구원을 이루어 나가라"는 이런 경험 이후에 해당되는 말인 듯 합니다.

@정결한신부-w4z
세속화요. 부목사님들 사례금 충분히드리고 심방등 부목사님들께 예배부탁드리고 싶을때 촌지(?) 없앴으면.

< 참고도서 >

한글성경(개역개정판)

박정엽, 『감동적인 수련회로 업그레이드』, 서울: 드림북, 2024

박정엽, 『설교가 맛있다』, 서울: 드림북, 2024

최관호, 『정직한 질문, 정직한 답변』, CMF수련회가이드북, 2015

교회에서 없어졌으면 하는 것들?

초판 1쇄 발행 2025년 8월 30일

지은이 박정엽 황원장
펴낸이 민상기
편집장 이숙희
편집자 민경훈

펴낸곳 도서출판 드림북
인쇄소 예림인쇄　**제책** 예림바운딩
총판 하늘유통

· **등록번호** 제 65 호 **등록일자** 2002. 11. 25.
· 경기도 양주시 광적면 부흥로 847 경기벤처센터 220호
· Tel (031)829-7722, Fax(031)829-7723

· 잘못된 책은 교환해 드립니다.
· 이 출판물은 저작권법에 의해 보호를 받는 저작물이므로 무단 복제할 수 없습니다.
· 독자의 의견을 기다립니다.
· 드림북은 항상 하나님께 드리는 책, 꿈을 주는 책을 만들어 갑니다